サイモン・シネック 著
イーサン・M・アルドリッジ作画
SIMON SINEK, ETHAN M. ALDRIDGE
コーチ・エィ代表取締役社長 鈴木義幸 監訳
こだまともこ 訳

「一緒にいたい」と思われるリーダーになる。

人を奮い立たせる50の言葉

TOGETHER IS BETTER:
A LITTLE BOOK OF INSPIRATION

ダイヤモンド社

TOGETHER IS BETTER
by
Simon Sinek

Copyright © 2016 by Sinek Partners, LLC
All rights reserved
including the right of reproduction in whole or in part in any form.
This edition published by arrangement with Portfolio,
an imprint of Penguin Publishing Group, a division of Penguin Random House LLC
through Tuttle-Mori Agency, Inc., Tokyo.

セアラへ

どこへ行くのも、

きみと一緒だ

CONTENTS

序文 003

はじめに 008

LESSON 1 　まず行動を起こそう 011

LESSON 2 　仲間を探そう 029

LESSON 3 　ビジョンを見つけよう 041

LESSON 4 　信じてやり抜こう 057

LESSON 5 　仲間に尽くそう 081

LESSON 6 　仲間に任せよう 089

LESSON 7 　仲間の成長を喜ぼう 113

もっと詳しく知りたい人のために 122

序 文

コーチ・エィ代表取締役社長

鈴木義幸

サイモン・シネックは、私の知る限り、**今世界で最もリーダーシップをわかりやすく語ることのできる人物のひとり**である。

シネックは2009年にTEDに登場し、再生回数は世界中で4000万回を超え、歴代3位に輝いている。

「凄いプレゼンがTEDにある」

そう知人から聞き、確か2012年頃、そのプレゼンにはじめてアクセスした。そのスピード感、リズム、耳に軽快に飛び込む声の音色、そして、内容に、私はすっかり魅了された。これ程までに人の話に集中したことが最近あっただろうか？ プレゼンを見たあと、そんなふうに思ったのを覚えている。

20分程のプレゼンで彼が発したメッセージは、たったひとつである。

「WHYから始めよ」

全世界で100万部を超える大ベストセラーとなった本のタイトルでもあるこのメッセージを、彼はとてもシンプルにわかりやすく、かつ魅力的に伝えた。そして、多くの人がそのメッセージに深く共感した。

WHAT（何）でもHOW（どうやって）でもなく、**WHY（なぜ）を伝えることが、人を動かすために最も重要である**とシネックは言う。
「何」をするのか、「何」を追求するのか、「何」を実現するのか……。
「どうやって」変えるのか、「どう」ほかとは違うのか、「どうやって」達成するのか……。
「なぜ」は、これらすべての「何」と「どうやって」に優先されるとシネックは説く。
「なぜ」それなのか、「なぜ」それをするのか、「なぜ」それが大切なのか。
目的、意味、理由、存在意義、存在価値……、そうしたものの共有こそが、人を鼓舞し動かすのだとシネックは語ったのである。

シネックは、リーダーは「**インスパイア型リーダー**」であるべきだと言う。

「Inspire」という英語は、わかるようでわからない言葉でもある。「具体的にどういう意味？」と聞かれると、なかなか答えられない。

本書の中でも訳語として登場するが、シネックの考えをつかみ取るならば、**「奮い立たせる」という表現が最もふさわしいように思う。つまり、リーダーは人を奮い立たせる存在であり、人を奮い立たせることに向けてすべての行動を選択する必要がある。**シネックはそう考えている。

奮い立つというのは、本人の内側から情熱が立ち昇り、行動へのエネルギーが充満してくることである。それは、決してアメやムチによって引き起こせるものではない。**人を奮い立たせるために最も大事なのが、「なぜ」を伝えることであり、目的の共有なくして人を先導することはできない。**そうシネックは伝える。

この本の絵本部分の最初のページに、手を頭の後ろで重ね、遠くを見るような目でつまらなさそうに立っている子どもが描かれている。そして、そこにはこう書かれている。

「私たちはみんな、なんとなく毎日を生きている。何かが起こるたび、それに反応するように動いている。

もし、何か目的があれば、充実した毎日を送れるのに。」

　これはひょっとすると、多くの日本の企業や組織で働く人たちの心のつぶやきかもしれない。**「何」をやるのか、「どうやって」やるのかは身の回りにあふれている。でも「なぜ」やるのかがない。「なぜ」**が見つからない。「なぜ」が欲しい。奮い立ちたい。奮い立たせたい。

　本書の中には、「なぜ」を共有する以外にも、仲間を奮い立たせるためにリーダーは何をしたらいいのか、たくさんのヒントが絵で描かれ、かつ言葉で表現されている（シネックの『WHYから始めよ！』をすでに読んでいる方は、インスパイア型リーダーになるためのたくさんの新しい視点をこの本から学ぶだろう。もちろん、読んでいなくても理解に支障はない）。

　本当に「一緒にいたい」と思われるリーダーというのは、ただ安心できる優しい存在ではない。人は、自分を奮い立たせてくれる人と一緒にいたいと思う。そういうリーダーと仕事をしたいと思う。そんなリーダーになるには、何を大切にすればいいのか。

　シネックの言葉は、単なる説明や解説ではない。**何年ものあいだ、胸に残るシンボルの役割を果たす。**

「何と戦うかがわかれば、変革を起こすことができる。
　でも、信念がないと、変革は長続きしない。」

「チームに仕事を命令するだけでは、
　『労働者のトップ』にすぎない。チームを信頼して
　仕事を任せてはじめて『リーダー』になれる。」

　本書には、このような「インスパイア型リーダー」のエッセンスが50の言葉にまとめられている。あわせて巻末の解説を読めば、理解はさらに深まるだろう。

　この本は、部下を、周りの人たちを奮い立たせたいと思っているすべての人に読んでほしいと思う。そして、最高のチームをつくってほしい。大事な何かをなしとげるために。
　組織で働く方々に、大事な何かをなしとげていただくこと。それは、エグゼクティブコーチという仕事を選んでいる私の「WHY」でもあるから。

はじめに

　やる気に満ちあふれて、奮い立つのはうれしいことだ。仕事のおかげでそういう気分になれるなら、もっと素晴らしい。

　私の思い描いている「ビジョン」の核心は、こういうものだ。毎朝目がさめると、仕事に行くのが楽しみでしかたがない。信頼できる職場で一日働き、いつも満ち足りた気持ちで家に帰る。ほとんどの人がこんなふうに思える世界をつくりたいと、私はいつも願っている。

　これは生やさしいことではないし、1年や2年でなしとげられることでもない。でも、もし私たちが一丸となって働き、このビジョンに近づくために、それぞれがやるべき役割を果たしたら、やる気に満ちた世界を実現することは可能だと思う。

　では、みんなをやる気で満たすためには、どんな道程をたどればいいのか。この本は、そんな旅を追体験できるようにつくった。

この本は物語形式になっている。主人公は3人の子どもで、まあまあのところにいる。いいところとは言えない。悪くはないというだけだ。公園で遊んでいれば楽しいなと思うこともあるが、ほかの子と同じように「公園の王様」にいつもビクビクしている。この王様はいつも自分のことばかり、どうしたらもっと威張っていられるかばかり考えている。恐怖でほかの子を思いどおりにしている。ほかの子たちは、目立ちたくないから、いつも王様にくっついている。

　この物語は、たとえ話だ。

　この本では、**私たちが働いている会社を公園にたとえている**。それも、仕事をするのにあまり居心地のよくないようなところだ。**公園の王様は、あなたの上司、もしくは会社そのもの**。部下のことより数字にこだわり、叱ることでチームを動かしている。部下が毎日やる気に満ちて働きに来る、そんな職場をどうやってつくるかなんて考えようともしない（それとも、気にしていないだけかもしれない）。

　公園の力学は、私たちの多くが毎日仕事で経験している職場の力学と同じだ。噂話に明け暮れたり、失敗をほかの人になすりつけたり、自分のことばかり考えていたりする人がいる。ビジョンを分かち合ったり、お互いを信頼したり、協力したりすることもない。

そして、**公園の子どもたちと同じで、私たちはそんな職場に我慢している。**今の仕事が好きですかと聞かれれば、毎日同じことの繰り返しですが、まあまあなんじゃないですかと答える。いいところとは言えない。悪くはないというだけだ。

　なかには、今の仕事をやめて、もっといい職場を探そうと夢みる人もいる。生活費も払わなきゃいけないし、家族も養わなきゃならないから、我慢するしかないと思っている人もいる。そこで、こんな疑問が生まれてくる。**今の職場を、私たちの手で変えることはできないだろうか？**

　主人公である3人の子どもは、私たちの典型的なタイプを表している。今まで仕事をしてきた自分自身をさまざまな角度から見れば、3人の誰かにあてはまるはずだ。3人は、公園から出ていければいいなあと思っている。ちょうど、私たちが違う職場、もっといい職場に行ければと夢みているように。

　そして、もし3人が公園を出ることができたら、もし私たちが今の仕事をやめて、もっといい何かを探すことになったら、考えなければならないことがある。

　いったいどこへ向かえばいいのか、そして**どうやったらそこにたどりつけるのか**、ということだ。

LESSON 1

まず行動を起こそう

スタートは、いつもと同じ一日だ。3人の子どもは、いつもと同じように公園へ行く。なんてことはない、ふつうの朝。だけど、その日は今まで一度も起きなかったことが起こる。

いつもなら、公園の王様が何かを言っても、ほかの子は遠巻きにして見ているだけだった。でも、今日は違う。王様に正面からものを言う子が現れた。

これがきっかけで、王様に立ち向かった子に2人の友だちができた。そして、あることを考えるようになった。わざわざ行動するとはどういうことか、なんらかの目的を持って行動するとはどういうことなのか、ということを。

私たちはみんな、なんとなく毎日を生きている。
何かが起こるたび、それに反応するように動いている。

もし、何か目的があれば、
充実した毎日を送れるのに。

「この仕事を一生やり続けるつもりはない」
そう言うならなぜ、
今の仕事をしているのか?

「何もせず、何も言わず、
知らん顔をしていれば、無事にすごせる」
アリストテレスの言葉だ。だけど……

リーダーシップとは、

争って勝ちとる階級や地位のことではない。

リーダーシップとは、

仲間のために奉仕することを言う。

残念なリーダーの下で働いていると、
会社のために働いている気分になる。
よいリーダーと一緒に働いていると、
みんながお互いのために働いていると感じる。

何と戦うかがわかれば、
変革を起こすことができる。
でも、信念がないと、変革は長続きしない。

ビジョンというのは、夢のようなものだ。
かなえるために行動しないと、
いつか消えてしまう。

大きなことをしよう。小さなことでもいい。
考えるだけじゃなくて、行動するんだ。

素晴らしいアイデアじゃないか。
だったら、おしゃべりをやめて、
とにかく動いてみないか。

天才は、素晴らしいことを思いつく。
でも、行動しないと、
周りの人たちにはそれがわからない。

LESSON 2 | 仲間を探そう

ここではないどこかで暮らすと、どんな気分になるだろう。そう想像するのは楽しいし、気分がいい。でも、今いる場所を離れて新しいところに行くには、勇気がいる。まったく未知の世界に出発するのだから。

もし、最初の一歩でつまずいてしまったら、どうなるだろう？ 今いる場所を捨てたのは間違いだったのでは？ 戻ってじっとしているのがいちばんでは？「見知らぬ悪魔より知り合いの悪魔のほうがまし」なんてことわざもあるじゃないか。

でも、気の合う仲間と一緒だったらどうだろう。前へ進み続ける勇気が湧いてくるかもしれない。

いつ出発するかは、問題じゃない。
どこから出発するかもそうだ。
大事なのは、
とにかく出発するってことだ。

お腹の中に燃えるものがないなら、
何もできないよね。
さあ、情熱という燃料を飲みこんで
マッチで火をつけたら、仕事にとりかかろう!

競争するより、夢を追いかけるほうが、
多くのことをなしとげられる。

道路やプールでは、安全第一。
でも、どこか違うところへ行くのなら、
リスクはつきものだ。

リーダーは、
挑戦して失敗する機会を仲間に与える。
そのあとで、もう一回挑戦して
成功する機会を仲間に与える。

LESSON 3 ビジョンを見つけよう

旅には、2種類ある。何かから逃げる旅と、何かに向かっていく旅だ。どこに向かうかわからないとしたら、その旅はどうなってしまうのだろう？

よく「やりたい仕事を見つけなさい」と言われる。「情熱を持てるものを見つけ、仕事にしなさい」とも。どちらもいいことを言っているけれど、まったく役に立たない。それがわかるなら、仕事に不満を感じる人なんていないだろう。何に情熱を持てるかなんて、一生かけても見つかるかどうかわからないのに……。

でも、**情熱のありかをすでに見つけた人に会うことならできる**。

3人の子どもは、どうやらそういう人を見つけたようだ。

仕事に不満を感じると、つい逃げたくなってしまう。でも、はっきりしたビジョンさえ持っていれば、私たちは奮い立ち、素晴らしいことを実現する旅をすることができる。**どこで見つけ、誰が思い描いたビジョンかは関係がない。**

わからないことがあったら、
声に出して聞いてみよう。
そうすれば、答えを知っている誰かが、
助けの手を差しのべてくれるかもしれない。

イノベーションを起こす人は、
とてもはっきりした夢を持っているから、
現状ではいかにばかげたことに見えても、
信念がゆらぐことはない。

045

ビジョンが実現するかどうかを確かめるには、
実際にやってみるのがいちばんだ。

何事も計画どおりには
いかないということを、
いつも計画のなかに
入れておかなければいけない。

困難にぶつかったとき、
ちっとも怖く思わないのなら、
それはたいして重要なことでは
ないのだろう。

もう少しでひらめきそうというときに限って、
いろんな批判が聞こえてくる。
でも、どんな批判も素直に聞けば、
アドバイスに変わる。

残念なリーダーは、
誰が正しいかを気にする。
よいリーダーは、
どの意見が正しいかを気にする。

グチは禁物。

前に進もう。

LESSON 4 | 信じてやり抜こう

人生は、むずかしいことや危ないことだらけだ。自分ひとりで歩いていこうという人がいたら、ちょっとおかしいと思う。

むずかしいことをするには、仲間が必要だ。人生という名の旅は、挫折や失望だらけで、わけがわからなかったり、先行きが見えなかったりするかもしれない。だからこそ、ともに歩む仲間を信頼しなくてはいけない。

ひとりでは、私たちは無力だ。重い物を持ち上げることもできないし、むずかしい問題を解くこともできない。でも、仲間と一緒だったら？

仲間がいれば、私たちはすごいことができる。

残念なチームは、
同じ場所にいるというだけだ。
よいチームは、
一緒に働いている。

チームとしてどれだけ
素晴らしいことができるか。
それは、チームとしてどれだけ
結束できるかにかかっている。

ひとりでは、何もできない。
だから、ひとりでもできるという
ふりをしてはいけない。

一緒だから、なしとげられる。

一緒に働いているだけでは、
まだチームとは言えない。
お互いを信頼してはじめて、
チームと言うことができる。

よいリーダーは、部下を奮い立たせ、
リーダーの能力を信頼させるだけではない。
素晴らしいリーダーは、
さらに部下が自分自身の能力に
自信を持てるように奮い立たせてくれる。

成功とは、私たちが思い描いていることが、
本当に目の前に現れることだ。

思い描いたとおりに
なしとげたときは、
本当に胸がわくわくする。
でも、満足感は、
そこへたどりつくまでの
旅から生まれる。

LESSON 5 | 仲間に尽くそう

私たちが成功したり、探していたものが見つかったりしたあとは、どうなるのだろう?

完璧な場所にたどりついた。ここなら安心できる。自分は信頼されていると感じるし、仲間は信頼できる。思っていた以上に幸せだし、給料もいい。

でも、私たちが置いてきてしまった人たちは、どうだろう?

私たちの最大の試練は、
成功へ続く旅の途中には
ないのかもしれない。
ひとたび成功したあとに何をするか、
それこそが最大の試練なのだ。

私たちの人生の価値は、
自分のために何をするかでは決まらない。
私たちの人生の価値は、
他者のために何をするかで決まる。

自分に都合のいい完璧な仲間を見つけても、
チャンスに恵まれたとは言わない。
お互いにとって完璧な人間関係を
仲間と築き上げてはじめて、
チャンスに恵まれたと言える。

LESSON 6 | 仲間に任せよう

リーダーシップは毎日練習するものだ。仲間のことを考えれば考えるほど、得るものは大きい。たとえなんらかの犠牲を伴ったとしても。リーダーシップは筋肉と同じで、鍛えれば鍛えるほど強くなる。

さらに大事なことは、**誰かが強くなれば、周りの人たちもますます強くなる**ということだ。ひとりでは立ち向かえない大きな困難も、チームでやれば魔法のようにあっさりと解決できるのは、このためだ。

自分のことを第一に考えるのは、
ぜいたくで楽しい。
自分のことより先に
他者のことを第一に考えるのは、
名誉なことだ。

旅路のはるか先にある成功にたどりつくには、
小さな問題をひとつひとつ解決しながら、
一歩一歩進んでいかなければならない。

リーダーシップは、学ぶことから生まれる。
そして、最高のリーダーは、自分のことを、
教師ではなく生徒だと思っている。

夢みるだけでは、結果は生まれない。
一歩一歩旅をすることで、生まれるのだ。

人生が美しいのは、私たちが見てきたものや、
経験してきたことのおかげではない。
人生が美しいのは、
旅の途中で出会う人たちのおかげだ。

本当の力は、
自分の弱さを認める
勇気から生まれる。

失敗は、ひとりでできる。

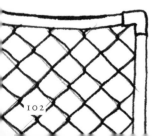

成功は、ほかの人の助けなしにはできない。

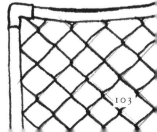

「上司」とは、
ただの呼び名だ。
「リーダー」には、
仲間がいる。

リーダーの本当の評価は、
何をなしとげたかでは
決まらない。
リーダーの本当の評価は、
どのように仲間を
奮い立たせたかで決まる。

チームに仕事を命令するだけでは、
「労働者のトップ」にすぎない。
チームを信頼して仕事を任せて
はじめて「リーダー」になれる。

興味がないことを一所懸命やると、

ストレスが生まれる。

大好きなことを一所懸命やることを、

情熱と呼ぶ。

LESSON 7 仲間の成長を喜ぼう

リーダーの最大の喜びは、仲間が探し求めているビジョンを見つける手助けができることだ。そして、彼らが能力以上の力を発揮し、お互いを思いやるありさまを見ること。みんなが一丸となって、むずかしい問題を解こうと努力しているようすを見守ること。

リーダーになるとは、そういうことだ。自分が向上するための旅ではない。みんなが上にいけるよう、手助けする旅だ。

知性に訴えて、
納得させることはできる。
でも、心を動かさなければ、
信頼は勝ちとれない。

スターは、自分が
トップになりたいと願う。
リーダーは、チームのみんなを
スターにさせたいと願う。

リーダーは、仲間を奮い立たせるより先に、
仲間に奮い立たされなければならない。

「早く着きたいなら、ひとりで行け。
遠くまで行きたいなら、みんなで行け」

―― アフリカのことわざ

もっと詳しく
知りたい人のために

「人を奮い立たせること」を絵本というシンプルな形で伝えるのは、とても楽しい経験だった！ でも、できあがったとき、絵や短い文章では、ニュアンスを十分伝えられなかったと気づいた。そこで、私の考えについて、もう少しお話ししようと思う。どうぞ、こちらのほうも楽しんでいただけますように。

P.012 私たちはみんな、なんとなく毎日を生きている。
何かが起こるたび、
それに反応するように動いている。

もし、何か目的があれば、
充実した毎日を送れるのに。

P.014 「この仕事を一生やり続けるつもりはない」
そう言うならなぜ、今の仕事をしているのか？

　この本の最初にある文章は、私の信念の土台であると言っていい。つまり、**充実した毎日を送るのは、限られた人の特権ではなくて、誰もが持っている権利**だということだ。

「仕事をする喜び」とは何か、多くの人が勘違いしているのではないか。新しい顧客との取引が決まったり、昇進したり、ボーナスが上がったり、目先の目標を達成したりするのは、とても刺激的だ。
　でも、仕事そのものから湧き出てくる深い喜びとは、まったく別のものだ。仕事から生まれる深い喜びとは、同僚から感じたり、同僚に与えたりする慈しみの心のこと。自分よりはるかに大きいものの役に立っていると感じるこ

と。さらに言えば、自分たちには価値があると認められ、そして実際に価値があると感じることだ。

　私たちは、目の前に出されたトランプのカードをそのまま受けとらなくてもいい。受けとるのも断るのも自由だし、選んでもいい。私たちは基本的に自分なりの意見を持っている。仕事ですごす時間をどんなものにすべきと思っているか、発言する権利もある。働く目的、動機、信念、つまり**「なぜこの仕事をしているのか」がしっかりわかっていれば、充実した毎日が送れる**。

P.015 | リーダーシップとは、
責任や権限といったことではない。
自分の部下である人たちを
どう思いやるかということなんだ。

このページには、あいまいなところはひとつもない。とても明確な考え方だ。世の中にはリーダーシップについて書かれた良書が数かぎりなくあるうえに、TEDの講演会や、ツイッター、『ハーバード・ビジネス・レビュー』の記事も、同じテーマを取りあげている。
　それなのに、**昇進したから自分はリーダーだと考えている人がいまだにいる**

から驚いてしまう（まあ、ちょっとしたグチだけれど）。

P.021 | 何と戦うかがわかれば、
変革を起こすことができる。
でも、信念がないと、変革は長続きしない。

　重要なのは、何から逃げるのか、何を変えるのかだけではなく、どこに行こうとしているのかを知ることだ。このページの詩のような短い文章では、その部分があいまいだったかもしれない。

　私がアメリカの独立宣言を愛してやまない理由のひとつは、ここにある。独立宣言の最初には、自分たちがどこに行こうとしているのか、何をしたいのかということが書いてある。まだそこへたどりつく前だというのに。英国王ジョージ3世によってもたらされた苦難の数々を書きつらねるより先に、「すべての人間は平等に造られている」という建国の理想を掲げているのだ。建国の父たちは、独立宣言を起草するにあたって、これから立ち向かうことより先に、私たちがよって立つ理想を述べている。

　SNSは、人々を結集させるとても強い力を持っている。たとえ現状を改善

しようという意図があったとしても、それは何かを壊したり、変えようとする力だと言っていい。**SNSは、何かをつくりだすために一所懸命に働こうと奮い立たせてはくれないし、そんな力は持っていない。**

　私たちが何かに反対して集まる機会が多いのは、そのほうが簡単だからだ。人の恐怖、不快感、不公平感に火をつけるのはたやすい。なぜなら、恐れていること、不快や不公平だと思っていることは、目の前に存在するからだ。

　何かを達成しようとして立ち上がることは、もっと漠然として、とらえどころがない。信念を持った人が思い描いたビジョンは、本人にはくっきり見えているだろう。でもほかの人たちにとっては、遠くにあって、とらえどころがなく、どう見ても不可能としか思えないことが多い。

　だから、ビジョンを思い描く人は、抽象的でなく、はっきりとした現実と感じられるように示す責任がある。そのときにはじめて、私たちはひとつの旗のもとに集まることができる。

P.022 ビジョンというのは、夢のようなものだ。
かなえるために行動しないと、
いつか消えてしまう。

大きなことをしよう。小さなことでもいい。
考えるだけじゃなくて、行動するんだ。

　私は、このページの絵が大好きだ。印刷して、壁に飾っている。人生で障壁にぶつかったとき、それが何なのかを考えるより、どうすれば乗り越えられるかを考えると、楽しい。そのことを思い出させてくれるからだ。

　壁の向こうに何があるかを想像するか、壁をじっと見つめて考えこむか。どちらを選ぶかは、私たち次第だ。

P.025 素晴らしいアイデアじゃないか。
だったら、おしゃべりをやめて、
とにかく動いてみないか。

そのとおり。

P.035 競争するより、夢を追いかけるほうが、
多くのことをなしとげられる。

　権力争いが起きている会社と、目的や動機をちゃんと持っている会社のあいだには、ひとつの違いがある。**権力争いをしている会社の社員は、お互いを相手に戦う。目的や動機がある会社の社員は、みんな一緒に戦う。**

　これは、競争相手のことばかり考えている会社と、ひたすらビジョンを追いかけている会社の違いでもある（ちなみに「ナンバーワンになること」は、ビジョンとは呼ばない）。競争相手が何をしているのか気にしてばかりいる会社は、いつも他社のやっていることに反応したり、追い越そうともがく。ビジョンを追い求めている会社は、自社の現状を追い越そうと絶えず努力している。

こういう会社は、競争相手を追い抜いたり、逆に追い抜かれたりするのは、よくあることだとわかっている。短期のアップダウンにまどわされず、長期のことだけを考えている。

　言ってみれば、小さいバトルに勝つのが目的なのか、それとも戦いそのものに勝つのが目的なのかの違いだ。戦いがいつ終わるかなんて誰にもわからない。だから、**ビジョンを持っている会社は、最終的には競争相手を追い越し、結局長いあいだ生き残ることになるのだ。**

P.041 | ビジョンを見つけよう

　この章のタイトルを「ビジョンを持とう」ではなく、「見つけよう」としたのには、理由がある。なぜかはわからないが、ビジネスの世界では、ビジョンを「持たなければならない」という考え方が定着してきた。それも、壮大で大胆な、世界を変革するスティーブ・ジョブズのようなビジョンを。こんな考え方はまったく現実的ではないばかりか、スティーブ・ジョブズではない私たちにとっては、大変なストレスだ。

「私たちはみんな、ビジョンを見つけるべきだ」というほうが、ずっと気分がよいのではないだろうか。しっかりしたビジョンを思い描ける人、つまり

今とは違う未来を思い描き、それを周りの人たちに伝えるのが上手な人がいるのは確かだ。**もしそのビジョンがよいものだと思ったら、後に続けばいい。**彼らのビジョンは私たちのビジョンになり、進む方向を決める羅針盤になる。

心から共感するビジョンに従うことは、自分だけのビジョンを持つのと同じくらい、心を奮い立たせてくれる。キング牧師、ガンディー、トマス・ジェファソン大統領、リチャード・ブランソン（ヴァージン・グループの創設者）、ウォーレン・バフェット、イーロン・マスクたちはみんな、自分のビジョンをはっきりと示した。その結果、多くの人が彼らの後に続いたのだ。

彼らが生み出したものを買った人もいれば、グループや会社に加わった人もいる。先に入ったメンバーに奮い立たされ、ビジョンを実現すべく動いた人もいる。こういう人たちはみんな、ビジョンを見つけて後に続くことを選んだ。**自分だけのビジョンを持つ必要はなかった。**

そして、私がいちばん言いたいのは、**ビジョンを実現させたのは、それを思い描いた本人ではなく、共感して後に続いた人たち**だということだ。後に続く人たちにとってビジョンが大切なのと同じように、ビジョンを思い描いた人には後に続く人たちが必要だ。

さて、あなたにビジョンを示して奮い立たせてくれる人は誰だろう？

P.043 | わからないことがあったら、
声に出して聞いてみよう。
そうすれば、答えを知っている誰かが、
助けの手を差しのべてくれるかもしれない。

　私がこれまでの人生で学んだ最も力強い教訓は、**すべての答えを知る必要はない**ということだ。そして、**答えがわからないときは、わかっているふりをしてはいけない**。

　今まで仕事をしてきたなかで、自分ひとりがすべての答えを知らなければならないと思っていた時期があった。責任者であり、経営者であれば、それが当然だと思っていたのだ。

　残念ながら、これは大間違いだ。すべての答えを知っていたり、明確にわかっていたりする人がいるはずがない。いくつものつらい経験を重ねて、私はそのことを学んだ。

知らないなら知らない、わからないならわからないとはっきり言う。助けを求め、手が差しのべられたら受け入れる。そういう勇気を持てたとき、私の仕事はがらりと好転した。力になりたいと思っている人は、必ずいる。ただ、私が助けを必要としていることを知らないだけだった。おもしろいことだと思わないか。

P.044 | イノベーションを起こす人は、
とてもはっきりした夢を持っているから、
現状ではいかにばかげたことに見えても、
信念がゆらぐことはない。

長い文章になってしまった。イノベーションを起こす人は、とてもはっきりした夢を持っている。現状では、いかにばかげたことに見えても……と、2文に分けたほうがわかりやすかったかもしれない。

P.052　もう少しでひらめきそうというときに限って、
いろんな批判が聞こえてくる。
でも、どんな批判も素直に聞けば、
アドバイスに変わる。

　善意でアドバイスしても、批判と受けとられることがよくある。そんなとき、つい私たちは自分が正しいと主張したり、もっと悪ければ口論になったりする。

　アドバイスが批判と受けとられるのは、伝え方が悪いからかもしれない。または、相手の神経を逆なでするようなことを言ったとか……。もしくは、相手が不安に思うような、確信を持てない何かがあるとか……。それとも、すでに12回もそのやり方を試したあとだったとか。相手が最初から自分の立場を守ろうと身構えているのは、こうした理由による。

　こんなときは、共感の仕方を学ぶよい機会だと思うといい。つまり、相手が何に反発しているのかを理解しようとすることだ。そのときにはじめて、私たちの言葉は、批判ではなくアドバイスに変わる。

P.078 | 思い描いたとおりになしとげたときは、
本当に胸がわくわくする。
でも、満足感は、
そこへたどりつくまでの旅から生まれる。

　仕事でなんらかの賞をもらうと、本当に胸が躍るものだ。でも、**真の満足感が得られるのは、たどってきた旅路を振り返り、自分を応援してくれた人たち、手助けをしてくれた人たち、危険を顧みずに尽くしてくれた人たちを思い出すとき**だ。自分を信じてくれたすべての人と言いかえてもいい。

　皮肉なことに、将来これが決定的な瞬間になるだろうと予想していたことが、本当にそうなることはめったにない。むしろ、なしとげたあとに振り返ってみると、大きな成功に至るまでのひとつひとつの経験が、決定的な瞬間だったということがわかる。学んできた教訓のひとつひとつと言いかえてもいい。

　もう一度言っておこう。競争に勝ったり、目標を達成したり、昇進したりするとき、私たちの胸は躍る。これは、ドーパミンによる喜びで、一瞬で終わる。
　それに対して、仕事をなしとげた満足感は、オキシトシンによる真の喜びで、終生消えることはない。さまざまな困難を一緒に乗り越えて築き上げた仲間との結びつきや、一緒になしとげたときに分かち合った感情から生まれる喜びだ。

P.085 | 私たちの人生の価値は、
自分のために何をするかでは決まらない。
私たちの人生の価値は、
他者のために何をするかで決まる。

　私たちがこの世に遺すものの価値は、どうやって決まるのだろう？　亡くなった日の銀行口座の残高？　どれだけ多くのメールに返事を出したかということ？　ジムに通った回数？　それとも、どんな子どもや部下を育てたかということ？　あるいは、生きているうちに周りの人たちに与えた影響だろうか？

　自分がこの世に遺したいもののために、日々を生きていこうではないか。

P.086 自分に都合のいい完璧な仲間を見つけても、
チャンスに恵まれたとは言わない。
お互いにとって完璧な人間関係を
仲間と築き上げてはじめて、
チャンスに恵まれたと言える。

　書店にはいわゆる「自己啓発」の本がずらりと並んだ棚がある。でも「他者を啓発する」ことについて書いた本の棚はない。**仕事の成功や喜びは、実際には他者のために何かをすることで得られる**のだから、皮肉なものだと思う。

「自分が5キロ減量するためにどうするか」ではなく、「健康な生活を送れるように、友人をどう手助けしてあげられるか」ということ。「どうしたら夢みる仕事を見つけられるか」ではなく、「どうしたら大切な人が天職を見つけられるよう手助けできるか」だ。

　利己を追求するのではなく、他者に尽くす。そうすれば、人生でみんなが抱えるような問題に直面しても、効率的に解決できる。さらに、奉仕の精神を持つと、短期的で利己的な目標が、もっと大きく、長期的で、高潔な目標に変わる。
　職場には行くが、仕事がどうしても好きになれないとき、会社をやめるだ

けが唯一の道ではない。**どうしたら同僚が喜んで出勤してくるようになるかを考えてあげる、という方法もある**。そうすることで、同僚が天職を見つける手助けができる。そして、自分の考え方も変わるようになる。

こういう他者に尽くす行為を、私は「リーダーシップ」と呼んでいる。

P.092 | 旅路のはるか先にある成功にたどりつくには、
小さな問題をひとつひとつ解決しながら、
一歩一歩進んでいかなければならない。

　中国の古典に、「人間万事塞翁が馬」という格言のもとになった故事が書かれている。

　塞翁（国境のとりでに住む老人）の馬が、隣国の山に逃げてしまった。隣人たちが不運なことだと慰めると、塞翁はこう答えた。「不運かね？　それとも幸運かね？　誰にもわからんじゃないか」

　それからほどなく、逃げた馬が駿馬を連れてもどってきた。幸運だったなと隣人たちが祝うと、塞翁は言った。「不運かね？　それとも幸運かね？　誰にもわからんじゃないか」

塞翁の息子が駿馬を馴らしているうちに、落馬して足を折った。隣人たちが不運を慰めると、塞翁は言った。「不運かね？　それとも幸運かね？　誰にもわからんじゃないか」

　息子が骨折の治療をしているあいだに、村に軍隊がやってきて、丈夫な若者たちを徴兵していった。息子が徴兵されなかった幸運を隣人たちが祝うと、またもや塞翁はこう答えたという。「不運かね？　それとも幸運かね？　誰にもわからんじゃないか」

　人生は、一場面だけで終わるものではない。いつまでも続く映画のようなものだ。困難やチャンスの次に何が来るかは、誰にもわからない。

P.095　リーダーシップは、学ぶことから生まれる。そして、最高のリーダーは、自分のことを、教師ではなく生徒だと思っている。

　新しいアイデアや改善案を考え、提案しようとしているのに、しょっちゅうこんなセリフを上司から聞かされるとする。

「私は、君なんかよりも長くこの仕事をしているんだ。隅々まで知り尽くしているし、提案なんて聞くまでもない」

そんなときは逃げろ！　とにかく逃げろ！

P.101 | 本当の力は、
自分の弱さを認める勇気から生まれる。

　ここで言う弱さとは、しょっちゅう泣いたり、おどおどした態度をとったりすることではない。弱さを認めるとは、自分の無知や失敗を認めること、そして助けを求めることだ。

　たしかに、正直に自分の無知や失敗を認めると、弱い立場に立たされる。批判や侮蔑、攻撃に対して無防備になる。一方で、企業文化がしっかり根付いていて、同僚がみんな信頼できるような職場で自分の弱さをさらけだすと、世界一強力な感情が呼び起こされる。つまり、同僚から愛され、支えられていると感じることができるのだ。そして、学び、成長することに目を向けられる。

**　弱さを認めることで、同僚は助けてくれる……。そして、成功の可能性を上**

げてくれるのだ。

　それ以上に、素晴らしいことがある。**誰かが勇気を出して自らの弱さをさらけだすと、周りの人たちも、自分もリスクをとってみようと奮い立つ**のだ。そうすれば、やはり仲間たちが助けようと集まってくれる……。こうして、全体が生き生きと動きだす。

　皮肉なことに、嘘をついたり、自分の弱さを隠したり、強いふりをしたりすれば、いっときは強そうに見えても、最終的に企業文化が侵される。
　弱さをさらけだす勇気を持つと、会社そのものも、それぞれのチームも、いちだんと強くなり、より質の高い仕事ができるようになる。

> **P.109** チームに仕事を命令するだけでは、
> 「労働者のトップ」にすぎない。
> チームを信頼して仕事を任せて
> はじめて「リーダー」になれる。

リーダーになるには、自分が変わらなければならない。すぐに変わる人もいる。ゆっくりと変わる人もいる。そして残念ながら、決して変われない人もいる。

会社に入ったばかりのころは、与えられた仕事をきちんとやりさえすればよかった。新入社員には、仕事がうまくできるように、会社がさまざまな訓練をしてくれる。ソフトウェアの使い方、営業の仕方、プレゼンテーションのやり方などだ。会計士やエンジニアなど、さらに高度な資格を取り、もっとよい仕事ができるようになる人もいる。

こうして、仕事がうまくできるようになれば、会社は昇進させてくれる。本当に優れた業績をあげるようになれば、今までやってきた仕事をほかの人に引き継ぎ、ついには彼らの上司になることができる。

でも、**上司としての仕事のやり方を教えてくれる会社は、ほとんどない**。ど

うやって部下をまとめていくか教えてくれる会社など、ないに等しい。これでは、機械の前に人をすえて、動かし方も教えずに結果を出せと命令しているようなものではないか。

「会社に上司はいてもリーダーはいない」という状況が生まれるのは、こういう理由からだ。昇進して管理職になった人は、たしかにほかの人より仕事ができる。だからこそ、会社は昇進させたのだ。

こういう上司は、「こんなふうに仕事をするべきだ」と部下に言う。**どうすればリーダーになるか誰も教えてくれないので、部下を管理する、つまり思うように操ろうとする**のだ。

これは、リーダーシップを発揮しなければならない地位に昇進したときに直面する、最もむずかしい問題のひとつだ。仕事そのものに対して責任を持つことはもうないが、代わりに仕事をしている人に対して責任を持たなければならない。

顧客に責任を持つCEOなど、地球上にいない。CEOは、顧客に直接かかわる部下に責任を持つのだ。その点をきちんと心得ていれば、みんなが満足する。社員も、顧客も。

リーダーシップというのは、むずかしい仕事だ。仕事をするむずかしさとは違う。ほかの人にどう仕事をさせるのかがむずかしい。部下を訓練し、コーチし、信じて任せる、厳しい仕事だ。リーダーシップというのは、人間的なものだ。そして、現場の業務とは違い、勤務中に何が起きようとも、休まず続けるのがリーダーシップだ。

P.114 知性に訴えて、納得させることはできる。
でも、心を動かさなければ、信頼は勝ちとれない。

　この本の編集者であるエリックの、大のお気に入りの言葉だ。私の書いたすべての本や、私のすべての仕事の根底に流れているのが、この言葉だと言っている。私は、彼の信頼を勝ちとれたのだと思う。

P.118 リーダーは、仲間を奮い立たせるより先に、
仲間に奮い立た<u>さ</u>れなければならない。

　リーダーシップは、親になることと似ている。誰でも親になれるが、みんながなりたいと思っているわけではなく、みんながなるべきだとも言えない。
　それと同じように、**誰もがリーダーになる力を持っているが、みんながなりたがっているわけでもなく、また、なるべきでもない。**

　親になるために努力をするから、親としての喜びを感じるわけではない。子どもが親を喜ばせてくれたときに、親としての喜びが心から湧き上がってくるのだ。たとえば、5歳の子どもが4歳のきょうだいに自分のものを分けているのを見たとき。あるいは、学芸会や卒業式に出席したとき。子どもが

おもしろいことを言ったときや、最初のボーイフレンドやガールフレンドを紹介してきたとき。

リーダーシップも、まったく同じだ。チームの誰かが想像以上の仕事をしたときに、リーダーとしての喜びが心から湧き上がってくる。ほかにも、チームが一致団結して、不可能と思える問題を解決したとき。チームの仲間同士が深い信頼で結ばれ、何事も助け合ってやっているとき。

仲間の素晴らしい働きに奮い立てば立つほど、リーダーは仲間をさらに奮い立たせることができるのだ。

アイデアがアイデアだけにとどまっていたら、
なんの価値があるのだろう?
まず、やってみないか。
試してみよう。
もう一度やってみよう。
失敗しよう。
また、やってみよう。

そして、世界を変えてしまおう。

"TOGETHER IS BETTER"

作詞　デラ・フマドール
編曲　アロー・ブラック

この曲はこちらから聴くことができます。
AloeBlacc.com/togetherisbetter

もし、この本に奮い立たされたら、
同じように奮い立ってほしい誰かに、
この本を渡してくれるとうれしい。

[著者]
サイモン・シネック（Simon Sinek）

組織コンサルタント。ランド・コーポレーション非常勤研究員。国連、アメリカ連邦議会、米陸海空軍、海兵隊、沿岸警備隊、ディズニー、アメリカン航空など多数の機関・企業で「人を奮い立たせる方法」を伝授する。TED動画「優れたリーダーはどうやって行動を促すか」が4000万回以上再生され（世界3位）、47か国語に翻訳された。アメリカで100万部超えの『WHYから始めよ！』（日本経済新聞出版社）など著書多数。

[作画]
イーサン・M・アルドリッジ（Ethan M. Aldridge）

ニューヨーク在住のイラストレーター。

[監訳]
鈴木義幸（すずき・よしゆき）

株式会社コーチ・エィ代表取締役社長／エグゼクティブコーチ。
慶應義塾大学卒業、ミドルテネシー州立大学大学院修了。経営者へのエグゼクティブ・コーチングによるリーダー開発をベースに、企業の組織開発を手掛ける。『コーチングが人を活かす』（ディスカヴァー・トゥエンティワン）など著書多数。コーチ・エィ https://www.coacha.com/

[訳者]
こだまともこ

翻訳家。「ダイドーの冒険」シリーズ（冨山房）、『ぼくが消えないうちに』（ポプラ社）、『テディが宝石を見つけるまで』（あすなろ書房）など訳書多数。

「一緒にいたい」と思われるリーダーになる。——人を奮い立たせる50の言葉

2019年1月16日　第1刷発行
2024年8月8日　第8刷発行

著　者——サイモン・シネック
作　画——イーサン・M・アルドリッジ
監　訳——鈴木義幸
訳　者——こだまともこ
発行所——ダイヤモンド社
　　　　　〒150-8409　東京都渋谷区神宮前6-12-17
　　　　　https://www.diamond.co.jp/
　　　　　電話／03-5778-7233（編集）　03-5778-7240（販売）
ブックデザイン——山田知子(chichols)
校正————鷗来堂
製作進行——ダイヤモンド・グラフィック社
印刷————新藤慶昌堂
製本————加藤製本
編集担当——上村晃大

Ⓒ2019 Tomoko Kodama
ISBN 978-4-478-10228-2
落丁・乱丁本はお手数ですが小社営業局宛にお送りください。送料小社負担にてお取替えいたします。但し、古書店で購入されたものについてはお取替えできません。
無断転載・複製を禁ず
Printed in Japan